AF358038

VENTE APRÈS DÉCES

Mme LA COMTESSE LEHON

Vᵉ RENOU, MAULDE et COCK

IMPRIMEURS DE LA COMPAGNIE DES COMMISSAIRES-PRISEURS

Rue de Rivoli, 144

CATALOGUE

DU

MOBILIER

BEAUX BRONZES D'AMEUBLEMENT

Candélabres de THOMIRE, Appliques dans le style de GOUTHIÈRE

TABLEAUX, OBJETS D'ART

PORCELAINES

PIÉCES MONTÉES EN BRONZE

Paravents de la Savonnerie, belles Portières en tapisserie au petit point
Rideaux et Siéges en satin de Chine

ARGENTERIE, PLAQUÉ, RIDEAUX, TAPIS, MEUBLES

DONT LA VENTE AURA LIEU

Après décès de Mme la Comtesse LEHON

En vertu d'ordonnance

HOTEL DROUOT, SALLE N° 2

Les Vendredi 11 et Samedi 12 Juin 1880

A DEUX HEURES ET DEMIE PRÉCISES

COMMISSAIRES-PRISEURS

M° SIBIRE	**M° GUÉLON-DUBREUIL**
Rue Chauchat, n° 22	Boulevard de Sébastopol, 5

M. CH. GEORGE, Expert, rue Laffitte, n° 12

EXPOSITION PUBLIQUE

Le Jeudi 10 Juin 1880, de une heure à cinq heures.

PARIS — 1880

CONDITIONS DE LA VENTE

Elle sera faite au comptant.

Les Acquéreurs paieront CINQ POUR CENT en sus des enchères, applicables aux frais.

L'Exposition mettant le Public à même de se rendre compte de l'état des Objets, aucune réclamation ne sera admise une fois l'adjudication prononcée.

TABLEAUX, AQUARELLES

BONNINGTON

1 — Sujet historique.

Aquarelle.

BOUT (P.) et BOUDEWYNS

2 — Vue d'un parc, animé de nombreux personnages.

CHAVET

3 — Le Crépuscule.

COIGNET (J.)

(1836)

4 — Paysage.

FIOCCHI (D'après Prudhon)

5 — L'Innocence.

Miniature dans un cadre italien noir et or.

GALLAIT

6 — Scène d'intérieur, à cinq personnages.

Aquarelle.

PLACE (Henri)

7 — Cascade en Suisse.

PLACE (Henri)

(1854)

8 — Bateaux de pêche sur la plage.

PLACE (Henri)

(1852)

9 — Marine.

ROQUEPLAN (C.)

10 — Jeune Femme consultant la marguerite.

Dessin.

OBJETS VARIÉS, COFFRETS, ETC.

11 — Marbre blanc. Chien. Sculpture de Paul GAYRARD.

12 — Beau Coffre de sûreté en fer gravé et damasquiné
d'or. L'intérieur est garni en velours.

13 — Coffret en marqueterie de Boule, sur quatre
pieds (Sphinx) en bronze.

14-15 — Deux Figurines en jade sculpté. Travail
chinois.

16 — Boîte carrée en laque du Japon.

17 — Papeterie en marqueterie de Bombay.

18 — Petit Cabinet en laque rouge de Pékin.

19 — Coffret portugais.

20 — Coffret en palissandre et marqueterie de cuivre sur écaille.

21 — Pied de coupe en métal recouvert d'une feuille d'argent gravé et à inscriptions. Travail persan.

22 — Plat en cuivre gravé. Travail persan.

23 — Trois Coffrets en laque.

24 — Petite Armoire en laque.

25 — Boîte en laque rouge de Pékin.

26 — Coffret en ivoire.

27 — Deux Coupes en bronze.

28 — Petit Poignard indien.

29 — Jeu d'Échecs chinois.

30 — Porte-Livre oriental en mosaïque de nacre et d'écaille.

31 — Plusieurs Pièces en verrerie de Venise et de Bohême.

32 — Laques. Boîtes, Panier, Plateau, etc., sous ce
numéro.

33 — Objets d'étagère sous ce numéro.

——

PORCELAINES

PIÈCES MONTÉES EN BRONZE

34 — Grande Jardinière en porcelaine du Japon, à
fleurs, branchages et animaux en relief, et
décor en bleu, rouge, or et émaux verts. Pied
en bois noir.

35 — Coupe à couvercle en porcelaine de la Chine,
céladon-turquoise, monture à trépied en bronze
ciselé et doré, style Louis XVI.

36 — Coupe en porcelaine laquée noir et à couvercle
orné de burgau, monture en bronze analogue
à celle de la pièce précédente.

37 — Pendule carrée, à pilastres dans les angles, en
bronze ciselé et doré, surmontée d'un vase en
porcelaine pâte tendre, décoré de médaillons
réservés sur un fond rose et monté en bronze
doré.

38 — Deux Jardinières en porcelaine, fond bleu de roi, monture en bronze ciselé et doré, modèle à trépied style Louis XVI.

39 — Très-beau Service de table, partie en ancienne porcelaine de Vienne, à fleurs et verdure verte, et partie en porcelaine moderne de même décor :

Vieux Vienne. 72 Assiettes plates, 24 creuses, et 6 Raviers en forme de feuilles ornés de fleurettes en relief.

Imitation. Grande pièce de milieu avec très-belle monture en bronze ciselé et doré, à figurines d'amours, guirlandes, oiseaux et fleurs ; 8 Pièces en porcelaine fond vert et montures analogues ; 10 Guéridons, 6 Compotiers creux, 8 Compotiers plats, 24 Tasses à thé, 24 Tasses à café, 18 Assiettes à gâteaux et 2 Bols.

40 à 44 — Quatre Coupes en porcelaine de la Chine, gros bleu, montées en bronze.

45 — Jardinière cylindrique en porcelaine de l'Inde, monture en bois.

46-47 — Deux Jardinières en porcelaine décorée, variées de forme, et montées en bronze.

48 — Grand Plat rond en porcelaine du Japon.

49 — Grand Plat rond en faïence de Savone.

50 — Deux Consoles en biscuit, à figurines d'enfants (Satyres).

51 — **Deux Vases** en porcelaine, décorés de médaillons sur fond turquoise, modèle Louis XVI.

52 — **Deux Vases** ovoïdes en porcelaine pâte tendre, médaillons sur fond turquoise, monture en bronze.

53 — **Encrier** en Saxe moderne.

54 — **Plateau**, forme feuille, en porcelaine de la Chine.

55 — **Petit Vase** à couvercle en vieux Saxe.

56 — **Figurine** en vieux Saxe.

57 — **Deux Vases** en Saxe Marcolini.

58 — **Sucrier** à couvercle en vieux Japon.

59 — **Coupe** en porcelaine de l'Inde, montée en bois.

60 — **Plateau** carré en porcelaine de Vienne.

61 — **Jardinière** en porcelaine décorée.

62 — **Vase** en Minton.

63 — **Diverses Pièces** en faïence d'art et porcelaine moderne.

BRONZES D'AMEUBLEMENT

64 — Deux grands et très-beaux Candélabres à six lumières en bronze ciselé et doré, et signés Thomire.

65 — Deux belles Appliques à sept branches porte-lumières en bronze finement ciselé et doré. Élégant modèle dans le style de Gouthière.

66 — Deux autres Appliques à cinq lumières, de même style.

67 — Pendule à cage en bronze ciselé et doré, modèle Louis XVI, avec plaque de fond en porcelaine fond vert.

68 — Deux Flambeaux en bronze.

69 — Pendule en bronze doré, à cadran porté par deux enfants et surmonté d'une bacchante, socle en marbre.

70 — Galerie de foyer en bronze ciselé et doré, de style Louis XVI.

71 — Paire de Chenets analogues.

72 — Deux Flambeaux Louis XVI.

73 — Plusieurs paires de Flambeaux.

74-75 — Flambeaux de bouillotte.

MEUBLES, ÉTOFFES

76 — Deux très-belles Portières en tapisserie au petit
point, laine et soies de couleurs et broderies
d'or, à médaillons d'oiseaux, trophées et vases
de fleurs sur fond jaune, bordure à fond bleu
armoriée dans les angles.

77 — Six Rideaux et trois Lambrequins en satin blanc
de la Chine, brodé en soies de couleurs.

78 — Paravent à trois feuilles en velours de la Savonnerie, animaux, oiseaux et fleurs.

79 — Autre Paravent semblable.

80 — Deux Fauteuils et une Chaise Louis XVI en bois
sculpté et doré, recouverts en satin de la Chine,
brodé en soie.

81 — Table ancienne en marqueterie de Boule, à six
pieds dont deux rentrants.

82 — Petit Écran Louis XV à tablette en bois marqueté, et feuille en damas de soie verte.

83 — Grande Pendule en chêne sculpté, composée
d'un Vase à cadran tournant horizontalement,
reposant sur un piédestal de forme trian-
gulaire.

84 — Deux Banquettes à hauts dossiers et accotoirs en
chêne sculpté, et recouvertes en velours rouge.

85 — Grande Banquette en chêne sculpté, garnie en velours rouge.

86 — Un Fauteuil et une Chaise en chêne, garnis en velours rouge.

87 — Table en chêne sculpté.

88 — Commode de l'Empire en acajou à deux vantaux, garnie d'ornements en bronze ciselé et doré, dessus en marbre turquin.

89 — Guéridon rond de l'Empire, dessus en racine supporté par quatre pieds en bronze, reliés par des traverses en acajou garnies de perles.

90 — Jardinière hollandaise en racine, sur trois pieds, Louis XV.

91 — Table basse en laque, ornée d'incrustations de nacre.

92 — Table basse en laque, ornée d'incrustations de nacre.

93 — Petite Table en acajou, de forme ovale, garnie de bronzes ciselés et dorés.

94 — Fauteuil de bureau en bois noir, à dossier cintré.

95 — Fauteuil X Louis XIII en bois marqueté, recouvert en velours vert.

96 — Petit Meuble, formant toilette, en laque du Japon,
orné de burgau.

97 — Deux Consoles d'appliques en chêne sculpté et en
partie dorées, fond à glace étamée.

98 — Petit Paravent chinois à cinq feuilles en bois,
orné de vases et divers ustensiles rapportés, en
pierre de lard.

99 — Petite Table en acajou à trois tablettes d'entre-
jambes, et dessus en verre décoré à l'imitation
des marbres.

100 — Table carrée en thuya quadrillé à filets, dessus
en velours bleu.

101 — Paravent à quatre feuilles en satin blanc brodé
de la Chine, avec bordure en damas de soie
jaune.

102 — Canapés, Fauteuils, Siéges recouverts en ancienne
soierie, satin de la Chine brodé, velours, etc.,
seront vendus sous ce numéro.

CRISTAUX et **PORCELAINES** : Service de
table en mousseline gravée, d'environ 197 pièces; Service
à dessert en porcelaine décorée, de 154 pièces.

PLAQUÉ et **RUOLZ** : Très-beau et nombreux Plaqué de table, en partie garni en argent: Réchauds, Bouilloires, etc.; très-beau et nombreux Ruolz de table et de service, Plats, Plateaux, Couverts, etc.

ARGENTERIE : Grand Nécessaire garni en vermeil; 78 Couteaux en argent et garnis en argent; Soupière, Coquilles, Cuillers diverses, et autres Pièces en argent.

BRONZES : Suspension de salle à manger en bronze doré, à quatre lampes; Flambeaux divers.

RIDEAUX, TAPIS, LITERIE : Rideaux de croisées et Portières en velours de laine rouge et velours de laine bleue; autres en soie; grand Tapis en haute laine, autre en moquette, Tapis de table en velours et autres.

Couchette ouatée et capitonnée, garnie en satin bleu, avec sa tenture et sa literie.

MEUBLES : Grand Buffet, grande Table-Guéridon, Dressoirs et autres pièces de salle à manger en bois noir, en partie garnis de bronze; Vitrines en palissandre, grande Armoire en palissandre, à quatre portes; Armoire à glace en palissandre, ayant, à l'intérieur, une caisse de sûreté en fer, de Gringoire.

NOTA

—

Les Objets non compris au présent Catalogue, tels que les quelques Objets de cave, la nombreuse Batterie de cuisine, les Porcelaines et Cristaux ordinaires, le Plaqué, le Ruolz et les Bronzes ordinaires, les Rideaux, la Literie des domestiques, le Linge, la Garde-Robe, les Meubles, les Rideaux et Siéges courants, feront l'objet d'une Affiche spéciale et seront vendus Salle n° 15, au rez-de-chaussée du même hôtel, le Lundi 14 Juin, à deux heures et demie très-précises.

Ves Renou, Maulde et Cock, imprs de la Compagnie des Commissaires-Priseurs
rue de Rivoli, 144.   8084